RÉFLEXIONS
D'UN SOLITAIRE

Sur l'écrit de M. le Vicomte de Châteaubriand, Pair de France, intitulé :

DU SYSTÈME POLITIQUE SUIVI PAR LE MINISTÈRE.

PAR L. A. JOUVEAUX, AVOCAT.

> Mihi Galba, Vitellius, Otho, nec beneficio nec injurriâ cogniti.

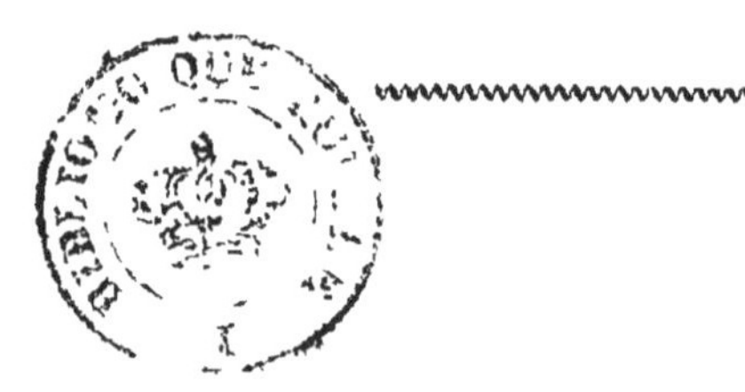

PARIS,
CHEZ MADAME HÉRISSANT LE DOUX,
IMPR. ORDINAIRE DU ROI ET DES MUSÉES ROYAUX,
RUE SAINT-MARC, N.° 24.
Et se trouve
Chez les Marchands de Nouveautés, au Palais-Royal.

1818.

ON TROUVE A LA MÊME ADRESSE

Les Ouvrages ci-dessous.

Le Calendrier de la Cour pour l'année 1818. — Un vol. *in*-24 de 214 pages ; prix broché, 1 fr. 25 c.

Ce Calendrier, autrefois dit *Collombat*, est le seul pour lequel le Ministère de la Maison du Roi ait accordé tous les renseignemens relatifs à l'organisation de la Maison particulière de Sa Majesté et celles des Princes.

Mémoire sur le comte de Bonneval, par le prince de Ligne, suivi des Lettres de la comtesse de Bonneval à son mari, de celles du Comte à son frère ; etc. nouvelle édition, revue, corrigée et augmentée du Procès du comte de Bonneval, fait et instruit par lui-même, et des deux Mémoires de ce Comte sur la tactique. — Un vol. *in*-8° ; prix, 5 fr. 50 c.

Recueil de Poésies, par M. Balzac. — Un vol. *in*-8° ; prix, 3 fr. 50. c.

Poésies diverses, suivies du Comte de Sanfrein, ou l'Homme pervers, comédie en trois ectes et en vers, et d'un Mémoire de l'Auteur sur sa détention à la prison du Temple, par feu P. F. de Rémusat. — Un vol. *in*-8° ; prix, 4 fr. 50 c.

Nota. On mettra en vente sous très-peu de jours un Nouveau Supplément au Cours de Littérature de La Harpe, contenant l'Eloge de Voltaire, la Réfutation des Lettres de feu M. Ginguené sur les Confessions de J. J. Rousseau, etc. etc. etc.

RÉFLEXIONS

D'UN SOLITAIRE

Sur l'écrit de M. le Vicomte de Châteaubriand, Pair de France, intitulé :

DU SYSTÈME POLITIQUE SUIVI PAR LE MINISTÈRE.

J'AI lu avec étonnement l'écrit de M. de Châteaubriand, intitulé : *Du système politique suivi par le Ministère.*

Quoi! c'est un personnage si recommandable par des services rendus à la cause royale, si distingué par son mérite littéraire, un Pair de France, qui cherche à discréditer le Ministère qui a obtenu la confiance du Monarque, qui signale les partis, qui en pèse les forces, compte les voix, et les met, pour ainsi dire, en présence.

C'est un Pair de France qui publie un écrit d'où la malveillance pourroit induire que le Monarque, à la sagesse de qui la France et l'Europe entière se plaisent à rendre hommage, que le Ciel nous a rendu dans sa clémence pour cicatriser nos plaies, serait un vain fantôme (je ne trace qu'avec horreur cet indigne mot), qui laisserait adopter, qui laisserait suivre avec persévérence, *un Système* qui, si on en croit l'auteur, doit causer la perte de la France.

C'est un Pair de France, qui semble reprocher au Gouvernement, de ne pas se faire chef de parti.

Quand le Monarque, le Père commun, le réparateur de nos maux, nous dit et nous répète à tous, plus de haines, plus de divisions, vous êtes tous Français, vous êtes tous mes enfans; ralliez-vous autour de cette arche sacrée que vous accorda ma sagesse; et que vos cœurs et vos âmes confondus, concourent à un seul but qui est le mien, le bonheur de la Patrie.

Un Pair de France nous parle de royalistes, d'indépendans; de tiers parti; il évalue l'influence que les divers partis ont eu dans les corps électoraux, l'influence qu'ils exercent dans les deux Chambres, et surtout il veut nous persuader que le Ministère, en ne se jettant pas dans les bras de ce qu'il appelle *Royalistes*, occasionnera la ruine de la France. Il proclame *que le plus grand malheur serait de maintenir au pouvoir ceux qui nous perdent par leur système, que leur retraite serait la première condition du salut de la France.*

Ainsi tel est l'objet de l'écrit; un changement de Système! un changement de Ministère!

Moi, homme obscur, étranger aux partis, aux

prétentions, dont l'intérêt, comme celui de la généralité des Français, repose dans la tranquillité, dans la prospérité de ma patrie, j'ose faire connaître les réflexions que le simple bon sens m'a suggérées sur l'œuvre d'une plume justement célèbre. Je ne me dissimule pas mon insuffisance, mais mon amour du bien, mais ma bonne foi me tiendront lieu de talent.

Je ne suivrai pas l'auteur dans tous les détails auxquels il s'est livré sur les mesures particulières qu'il reproche au Ministère, sur le caractère qu'il attribue aux corps électoraux et aux chambres des diverses époques; ma position isolée ne me permet pas de vérifier les faits; j'en supposerai l'exactitude, et je ne m'attacherai qu'aux principes généraux qui font la base de ce système si violemment attaqué, et qu'on prétend être subversif de tout bien.

A Dieu ne plaise, que ce système adopté quoiqu'on en dise par le Roi, ait besoin de justification, et surtout de la mienne; il se justifie par lui-même, par ses résultats, qui seraient plus heureux sans les oppositions qu'il rencontre. Je veux seulement faire connaître l'idée qu'un simple particulier éloigné des affaires s'est formée de ce système; idée qui, on peut le dire avec assurance, est l'opinion de la généralité des Français qui raisonnent et qui sont étrangers aux partis.

Je commence par quelques réflexions préliminaires.

Le système contre lequel on s'élève avec tant de force, n'est-il pas celui du Roi ? n'est-il pas notoire que Sa Majesté gouverne par elle-même, et que nul Monarque n'en est plus capable par son génie et sa haute sagesse. Et ce sont ses amis qui sont les plus véhémens détracteurs de ce système ! Je sais qu'à l'exemple d'une nation voisine, on attaque le Ministère et non pas le Monarque. Mais combien les exemples étrangers peuvent être fautifs ? combien leur application peut être dangereuse? L'esprit, les mœurs, le caractère des deux nations, ne sont point les mêmes ; les circonstances où elles se trouvent sont toutes différentes.

Chez nos voisins, dont le caractère politique s'est formé après les plus violens orages, où le Gouvernement a acquis une consistance presqu'inébranlable, les déclamations contre les systèmes ministériels sont peut-être sans inconvéniens. Mais chez une nation mobile encore, qui sort à peine d'une tourmente révolutionnaire, dont les fermens ne sont pas encore tout-à-fait détruits, chez une nation qui naît pour le Régime Constitutionnel, combien le Monarque, combien son Gouvernement ont besoin de respect et de confiance !

Qu'on remarque bien ici qu'il ne s'agit pas de mesures particulières prises par tels ou tels Ministres. C'est un plan général de conduite, un système entier de Gouvernement qui embrasse toutes les parties de l'administration. Comment les principes fondamentaux sur lesquels il s'établit ne seraient-ils pas les principes mêmes du Monarque, de ce Monarque dont les lumières et la prudence sont connues du dernier de ses sujets.

Ce système a donc d'abord une grande et imposante prévention en sa faveur; c'est l'adoption qu'en a faite le Monarque, c'est l'application qu'il en a ordonnée.

Parcourons maintenant les divers points discutés par l'auteur.

1° « Comment le Ministère qui favorise ou qui » subit le Système, a-t-il traité les hommes et les » opinions ? »

Les reproches adressés sur ce point au Ministère peuvent se réduire à ceux-ci :

Sa politique est faible, flottante, incertaine; il a relevé les indépendans pour les opposer aux royalistes : il les combat les uns par les autres, il penche même pour les indépendans qui l'emporteront au-delà de ses mesures; les vrais amis du Roi sont écartés, sauf à les appeler quand leur influence sera nécessaire. Cette marche est pernicieuse; elle ne tend qu'à créer au Ministère des ennemis dans les deux partis ; sa marche devrait être ferme, décidée ; il devrait enfin se lier aux *Royalistes*.

Il faut s'accorder d'abord sur ce que l'auteur entend par *Royalistes*. S'il entend tous les Français qui sont sincèrement attachés au Roi et à son auguste famille, soit par des sentimens héréditaires heureusement conservés, soit par des réflexions amenées par nos orages politiques ; réflexions qui les ont convaincus que cette antique maison qui nous gouverne est la protectrice naturelle et légitime de nos vraies libertés et de notre bonheur ; sans doute le nombre en est bien grand. L'auteur reconnaît lui-même, *qu'on peut rencontrer des amis de la Monarchie constitutionnelle jusque dans les rangs des anciens partisans de la République, lorsqu'ils n'ont pas commis de crimes*. L'auteur a raison. Combien d'esprits sincères, imprégnés, si je puis m'exprimer ainsi, de ces principes républicains que respirent les ouvrages immortels dont se sont nourries leurs jeunes années, ont reconnu bientôt par une triste et funeste expérience, que ces principes étaient d'un autre monde, d'un autre temps, et que les avantages sociaux ne pouvaient se trouver chez les modernes que dans une Monarchie constitutionnelle.

Si l'auteur entend par *Royalistes* tous ces

royalistes de sentimens ou de raison, alors, je le répète, le nombre en est bien grand; mais je puis assurer que l'auteur n'a point été leur interprète.

Non, l'auteur entend par *Royalistes*, cette classe de Français qui, par leur naissance, leurs prérogatives, leur éducation, leurs habitudes, sont plus particulièrement dévoués aux services du trône; cette classe dont un grand nombre de membres a sacrifié sa fortune pour le soutien de la Couronne, et dont quelques-uns se sont signalés par un dévouement vraiment héroïque. Sans doute cette classe est respectable, mais elle ne constitue pas la Nation, mais elle ne renferme pas exclusivement les vrais royalistes.

Ici, je suis forcé d'entrer dans des explications qui jeteront un grand jour sur la discussion, et qui, si je ne me trompe, donneront la clef de ce système qui semble à l'auteur si extraordinaire et si défectueux.

Je déclare que je ne veux offenser personne, et surtout l'auteur, dont je respecte le caractère et dont j'honore les rares talens.

Puisqu'il a parlé de partis, jetons un coup-d'œil sur l'état des opinions. Je reconnaîtrai avec lui qu'il existe deux partis opposés, *les royalistes*, dans son sens, *et les indépendans ou libéraux*.

Les Royalistes se composent, en presque totalité, des anciens privilégiés, des Français à qui la révolution a enlevé leurs prérogatives et leurs fortunes. La Charte a consacré l'égalité des obligations et des droits, la Charte a rendu inviolables les aliénations des domaines dont ces Français ont été dépouillés. Il faut en convenir, ils sont des victimes, mais des victimes malheureusement nécessaires. Il est pour les corps politiques des crises si cruelles, que l'intérêt d'une classe doit être immolé au salut public, et que ce qui serait injustice dans d'autres circonstances, devient une mesure sage et indispensable.

Mais les individus sur qui frappe un pareil sacrifice, peuvent-ils tout-à-fait étouffer dans leurs cœurs le cri de l'intérêt personnel? Ne conservent-ils pas le désir si naturel de reprendre un jour leurs avantages? La majorité au moins de ces individus peut-elle être sincèrement amie d'un état de choses qui perpétue leur dépouillement? Ne conviendrait-il pas à cette majorité, que ce monument qui consacre le bonheur public aux dépens de leur bonheur particulier, fût écarté? N'aurait-elle pas, sous un Monarque absolu, l'espérance de voir réparer ses maux et ses pertes?

Parlons avec franchise. Le législateur le plus habile ne peut pas entièrement dépouiller l'homme de son intérêt personnel, il ne peut pas changer la nature de l'homme. Le chef-d'œuvre de la législation consiste à fondre les intérêts particuliers dans l'intérêt public, de manière que le citoyen soit heureux du bonheur de sa patrie. N'espérons donc pas que l'homme en général marche franchement et de bon cœur dans un sens directement contraire à son intérêt particulier. Je le dis des anciens privilégiés comme de toute autre classe qui se trouverait dans une position semblable.

Sans doute, il est dans le parti *royaliste* des hommes assez généreux pour imposer silence à la voix de l'intérêt personnel, et je me plais à reconnaître que l'auteur est de ce nombre. Je me persuade même que les nobles dispositions de son âme lui auront fait illusion, et qu'il pense que ces dispositions sont partagées par tous les membres du parti. Mais, encore une fois, sans calomnier ce parti, à en juger par les inclinations, par les habitudes de la nature humaine, on peut croire que la majorité nourrit peut-être une opposition toute naturelle à un régime qui la rend victime sans retour. L'entière abnégation de soi-même n'appartient qu'à quelques âmes privilégiées. C'est sans doute cette opinion d'une vérité trop réelle, qui aura déterminé le Ministère, qui connaît les hommes, le Ministère éclairé par certaines données, par certaines expériences, à ne pas accorder *aux Royalistes* une confiance absolue et exclusive.

Mais veut-on écarter ces considérations tirées de l'interêt personnel, qui pourtant joue un si grand rôle, et souvent un rôle si funeste dans les affaires humaines, voyons *les Royalistes* sous un autre aspect.

On conviendra qu'en général cette classe est imbue, et de la meilleure foi du monde, de préjugés, d'opinions contraires au régime constitutionnel. Ces vieillards vénérables, ces Nestors du parti, habitués à rendre un culte d'idolâtrie, si je puis m'exprimer ainsi, à la Royauté pure et libre, ne la reconnaissent pour ainsi dire plus quand ils voient une royauté entourée de ce qu'ils appellent des entraves. Ils ont été heureux, leurs pères l'ont été sous nos anciens Monarques; ils croient tout naturellement, et non sans raison, que leurs descendans le seront sous leurs successeurs. Ils ne reconnaissent pas la nécessité d'un changement dans nos institutions; ils ne reconnaissent pas que cette nécessité a été amenée par le progrès des lumières, par de nouvelles idées, de nouveaux besoins, de nouveaux intérêts, nés de la révolution; dispositions qu'on ne peut pas détruire, et qu'il s'agit seulement de régulariser. Nos institutions nouvelles ont des rapports, à la vérité très-éloignés, avec ces monumens funestes de la législation révolutionnaire, et ces rapports seuls suffisent pour leur inspirer une répugnance invincible pour ces institutions. Ils ne voient pas qu'elles fondent les vraies libertés, sans secousse, sans agitation, et qu'elles sont aussi éloignées de l'anarchie que du despotisme; qu'elles ont enfin saisi ce juste milieu où se trouve le bien. Ils ne voient pas que ce que la royauté constitutionnelle a perdu de force en apparence, elle l'a gagné et bien au-delà en réalité, et qu'un Roi entouré du concours des forces, des volontés de ses sujets est beaucoup plus puissant que le Monarque le plus absolu. Ce qui se passe sous nos yeux en est la preuve la plus frappante. En quel temps nos Monarques ont-ils obtenu de la Nation des sacrifices plus pénibles, sans résistance et presque sans plaintes?

Ces royalistes s'obstinent à penser que la Nation est trop mobile, trop légère, trop inconstante, pour se plier à la gravité des formes constitutionnelles. Ce qui s'est passé depuis deux ans démontre que cette Nation peut, comme toute autre, acquérir un caractère politique. L'intérêt que toutes les classes de citoyens ont porté et portent à la discussion des questions les plus graves et les plus ardues de la politique et de la législation, fait assez connaître qu'il ne faut que du temps pour établir l'esprit public en France : c'est ce que ne reconnaissent point ceux *des Royalistes* qui ont vieilli sous l'ancienne Monarchie.

Nécessairement leurs préjugés ou leurs opinions se répandant dans leurs familles, deviennent des sentimens héréditaires qui jouissent de la plus grande influence, jusqu'à ce que le temps et l'expérience aient pu les atténuer ou les détruire.

Jetons maintenant un coup-d'œil sur le caractère et les opinions du parti *des indépendans* ou libéraux.

Je commence par écarter les purs partisans de ce colosse d'argile qui a pesé si long-temps sur la France et l'Europe, et qui n'est plus. J'entends par purs partisans, ceux qui ne tenaient à lui que par intérêt. Si je ne me trompe, une affection fondée sur ce principe s'évanouit bientôt, quand elle n'est plus soutenue par l'espérance. Or qui peut contester que tout espoir ne soit détruit pour eux? La France, l'Europe, l'Univers, pour ainsi dire, en sont garans. Si quelques-uns sont encore assez extravagans pour se bercer de chimères, leur influence est nulle, leur folie ne mérite que le mépris.

J'admets qu'un certain nombre d'hommes, anciennement attachés à l'usurpateur, se sont rangés dans le parti des *indépendans ;* alors ils se sont fondus dans ces derniers.

L'auteur n'entend pas, sans doute, par *indépendans*, une classe d'hommes qui désirent la jouissance de toutes les libertés consacrées par la Charte, et dans toute leur étendue. C'est ainsi que les indépendans, et on peut le dire, les impartiaux, n'entendent pas non plus par *Royalistes*, ceux qui veulent la Charte, et rien que la Charte. Ah! qu'il serait à souhaiter que les partis se confondissent dans l'amour vrai de ce monument auguste, et dans sa stricte et franche observation!

Voyons donc pourtant ce que sont les *indépendans*. Voici l'idée que je m'en suis formée.

Ce sont ceux qui trouvent que l'influence du peuple dans la législation n'est pas assez considérable, que les libertés qui lui ont été accordées ne sont pas assez étendues, que les distinctions conservées ne devaient pas être maintenues, que la Couronne s'est réservé des prérogatives trop puissantes, enfin que la Charte n'est pas assez libérale; ceux qui, par des principes erronnés, cherchent à porter les concessions faites par cette Charte au-delà de leur mesure juste et légitime; ceux qui seraient disposés à faire naître des circonstances, ou à profiter de celles qui pourraient se présenter pour démocratiser la Constitution.

Cette classe se compose de ceux qui ont professé les principes populaires dans le cours de la révolution, et qui ne se sont point souillés par ses excès, de ceux dont les jeunes années ont été imbues de ces principes qui n'ont été pour eux que spéculatifs, et dont ils n'ont jamais fait une application coupable. On voit que j'écarte et avec raison les révolutionnaires prononcés qui aujourd'hui n'ont aucune influence.

On ne peut pas se dissimuler que dans ce parti il n'existe des hommes de bonne foi. Ils sont dans l'erreur; leurs principes sont exagérés, mais leur opinion, tant qu'elle restera dans l'état de pure opinion, peut être tolérée; elle peut avoir même cet avantage, qu'en exagérant les droits du peuple, elle peut obtenir ce qui doit lui être justement accordé dans le sens et dans l'esprit de la Charte; car il semble qu'il ne soit pas donné à l'esprit humain de se fixer de suite au juste but, et qu'il doive aberrer en deçà, au-delà, avant de saisir le vrai point. Nous en sommes un frappant exemple; des crises de la plus violente anarchie, nous avons passé sous un joug de fer qui, pour être revêtu de certaines formes, n'en était que plus pesant; et ce n'est que par la restauration que nous nous reposons enfin dans un régime moyen qui nous assure nos vrais droits et nos véritables libertés. L'auteur reconnaît lui-même en s'étonnant, que *les Royalistes* se trouvent dans la minorité de la Chambre des Députés, opposés au Ministère; qu'il n'existe pas dans cette Chambre une minorité démocratique. A Dieu ne plaise que je prêche la convenance d'une opposition à la Charte. Dieu lit dans mon cœur; je voudrais encore une fois que tous les Français partageassent mes sentimens, et qu'ils se réunissent tous autour du père commun, à l'abri de ce palladium de nos droits et de nos libertés.

Mais si ce parti *des indépendans* existe, le danger d'une trop grande influence de sa part ne peut-il pas être écarté? Ses opinions exagérées ne peuvent-elles pas céder au temps, aux réflexions, à l'expérience? Quand ces hommes, que je suppose de bonne foi, reconnaîtront que le peuple dont ils sont les amis jouit en effet du degré de liberté que comportent les institutions modernes, ces hommes ne peuvent-ils pas revenir franchement à un amour sincère, à un respect désormais inviolable pour la Charte?

Admettons que, dans ce parti, il se rencontre des hommes guidés par des vues personnelles, des ambitieux qui trouvent la carrière des honneurs et de la fortune trop resserrée par nos institutions, qui regrettent ces temps où la faveur populaire poussait dans un instant son protégé au plus haut point de splendeur; si de pareils hommes avaient sur une Chambre des Députés un ascendant dangereux, le Modérateur suprême, le Monarque ne veille-t-il pas sur nos destinées? Cette providence humaine n'est-elle pas là armée de ses prérogatives, pour réprimer nos erreurs et nos passions? Je suis persuadé que la supposition que je fais ici, ne peut devenir réelle, avec ce privilége si précieux et si important de l'initiative des lois que la Couronne s'est si sagement réservée. En effet, à quoi seraient donc réduits ces ambitieux qui voudraient dépasser la ligne constitutionnelle? A de vaines suppliques que le Monarque s'empresserait de rejeter. Le danger deviendrait-il plus pressant : le Monarque n'a-t-il pas le droit de dissoudre la Chambre, dont la majorité, dans la supposition, ne serait plus de vrais députés du peuple, mais des factieux.

Après avoir examiné les opinions de deux partis opposés qui se trouvent, si je puis dire, aux deux extrémités de la ligne politique, n'est-il pas une opinion, ou, si l'on veut, un sentiment intermédiaire? Oui, sans doute, et on peut assurer que cette opinion ou ce sentiment appartiennent au corps de la nation. Que veut-elle? Le repos après tant d'orages, la sûreté des personnes et des propriétés, la jouissance des vraies libertés, l'égalité devant la loi comme devant le Monarque, l'égale répartition des charges publiques, le concours de ses députés pour lui assurer ces biens précieux. Le plus ignorant des Français voit que tous ces avantages nous sont assurés par la Charte. La Nation veut donc la Charte. Eh! que sont devant cette masse imposante, deux fractions comparativement si faibles, dont les intérêts ou les opinions pourraient être contraires au vœu général? Qu'on consulte le sentiment des campagnes : elles désirent que les aliénations des domaines nationaux soient inviolables, que les anciens priviléges ne soient point rétablis. Rassurées sur ces deux points, elles sont dévouées au Monarque et à la Charte. Si dans les cent jours de si funeste mémoire, l'usurpateur a trouvé des partisans dans les campagnes, c'est qu'on avait réussi à les effrayer sur ces deux points capitaux.

Dans cet état des opinions, que devait faire un gouvernement sage? Ne devait-il pas tenir la balance égale entre les partis opposés, s'efforcer de les fondre dans le vœu général, d'éteindre les haines, les divisions; de ramener, s'il était possible, tous les dissidens au sein de la grande famille, et d'entourer le père commun de l'amour et des bénédictions de ses enfans? Fallait-il que le Gouvernement affectât une préférence pour une certaine classe? Alors il aurait excité les défiances et les jalousies des autres, alors il aurait tout compromis.

Supposons que les Royalistes se soient dépouillés de leurs intérêts personnels, de leurs préjugés, de leurs opinions, les autres classes de citoyens, seraient-elles convaincues de la sincérité de leurs sacrifices? Que dans cette supposition, le Gouvernement les eût employés exclusivement, que dans la Chambre des Députés, particulièrement destinée à représenter le Peuple, la majorité se fût composée de Membres de cette classe : croit-on que l'alarme ne se serait pas répandue bientôt dans les autres? Cette majorité se serait tenue en vain fidèlement sur la ligne constitutionelle; elle aurait toujours inspiré des défiances, des soupçons; l'inquiétude se serait répandue dans tout le corps social; la confiance si nécessaire dans l'état actuel de nos finances, aurait disparu, et peut-être seraient nées des agitations dangereuses.

Royalistes ! qui vous vantez avec raison de vos sacrifices, si vous ne jouissez pas de toute l'influence que vous désireriez, c'est encore un nouveau sacrifice que vous imposent la tranquillité publique et l'intérêt général.

En suivant la supposition, si le Gouvernement eût affecté d'écarter les *indépendans*, ne les aurait-il pas aliénés sans retour? N'était-il pas plus convenable de les ramener, de les royaliser, en employant les lumières et les talens de ceux qui ont obtenu la confiance de leurs concitoyens, et qui peuvent être utiles? N'est-il pas évident que leur influence ne peut être dangereuse avec les salutaires prérogatives de la couronne, l'initiative des lois, et le droit de dissoudre les Chambres? Oui, le Monarque est assez grand, assez fort, pour ne rien craindre de l'exagération des opinions, de la lutte des intérêts et de l'effervescence des passions. *Imperio regit unus æquo.*

Que nous parle-t-on d'incertitude, de fluctuation dans la marche du Gouvernement, des inconvéniens de la balance entre les deux partis, de la nécessité pour lui de s'attacher *aux Royalistes?* Veut-on traiter le Monarque et son Gouvernement comme un particulier, ou une corporation dans un temps de trouble? Invoquera-t-on cette loi de Solon, qui condamnait à mort le citoyen qui ne se prononçait pas pour un parti, loi convenable à une petite démocratie agitée par des dissentions perpétuelles, où il était important que les bons citoyens ne se tinssent pas à l'écart, et que, par leur accession au parti raisonnable, ils lui donnassent la supériorité. Est-ce au Gouvernement à adopter un parti? N'est-ce pas à lui au contraire de les comprimer tous, et de les détruire s'il est possible?

« Le Ministère, dit l'auteur, s'était placé
» dans la minorité de la Chambre des Députés; il
» crut, pendant quelque temps, qu'on pouvait
» marcher de la sorte; il s'aperçut que la chose était

» plus difficile qu'il ne l'avait pensé; l'ordonnance
», du 5 septembre répara cette petite erreur.
» Alors nouvelles élections, circulaires du Mi-
» nistère de la Police, pour empêcher que les
» choix ne tombassent sur des individus trop
» ardens pour la cause du trône, surveillances
» levées, etc. »

D'abord est-il vrai que le Ministère se fût placé dans la minorité? Ne peut-on pas dire, au contraire, qu'il était resté fidèle à la ligne constitutionnelle, et que la majorité avait des dispositions tendantes à s'en éloigner. Telle a été l'opinion de la France à cette époque. Supposé que les défiances, les craintes à cet égard ayent été exagérées, les circonstances d'alors étaient si impérieuses, que la prudence exigeait que l'ombre, que l'apparence même de tous motifs d'inquiétude, fussent soigneusement écartées.

Par une suite de ces réactions qui paraissent inévitables chez une nation agitée par les partis, la Chambre de 1815 se trouvait composée, en majorité, des anciens privilégiés; alors tous ceux qui tenaient à des opinions ou à des intérêts nés de la révolution, ont conçu des alarmes, ces alarmes même ont été partagées par les impartiaux, par ceux qui ne soupirent qu'après la tranquillité fondée sur des lois libérales, par ceux qui auraient vu avec autant d'inquiétude la représentation confiée au parti des indépendans, enfin par le corps de la nation.

C'est dans cette circonstance qu'a été émise l'ordonnance du 5 septembre. N'en déplaise à l'auteur, cette ordonnance a été reçue avec un applaudissement presqu'universel; elle a été considérée comme l'œuvre de la plus haute sagesse, et comme un garant assuré de la tranquillité publique. En effet, dans l'état des opinions d'alors, peut-être dans l'état actuel, à quelles agitations aurait donné ou donnerait lieu, quelles espérances aurait fait ou ferait concevoir aux partis l'article de la Charte qui permettait la révision des dispositions qui paraîtraient susceptibles de réforme? La nation a vu dès-lors, avec joie, avec confiance, avec une profonde reconnaissance pour le Monarque, que les précieux avantages concédés au peuple par la Charte, étaient consolidés sans retour; la nation a vu que la représentation du peuple allait reposer dans les mains des députés de toutes les classes, de manière que tous les intérêts seraient conciliés et maintenus; la nation a vu que le Monarque était le Roi, non-seulement *des Royalistes,* mais de tous les Français.

Cette ordonnance du 5 septembre, tant critiquée, si violemment combattue, est assurément émanée de la volonté du Monarque. Elle était donc nécessaire, indispensable. Si de simples particuliers en ont vivement senti les effets salutaires, combien le Modérateur suprême, combien les Ministres, qui sont à la source de tous les renseignemens, en ont plus profondément conçu la convenance, la nécessité.

« Le Ministère, poursuit l'auteur, a usé de » son influence pour empêcher la réélection » de certains Membres trop ardens pour la cause » du Trône, puis, quand il s'est vu emporter au- » delà de ses mesures par la loi sur les élections, » quand il a craint que *les indépendans* ne » prissent un trop grand ascendant, il a appelé » les Royalistes à son secours. »

Ce qui est permis, ce qui est honorable dans un particulier, pourrait-il être condamnable dans un Gouvernement? Quoi! un simple citoyen qui n'a de mission que dans ses talens, souvent que dans ses bonnes intentions, peut adresser à ses concitoyens des avis, des réflexions, des conseils; il peut chercher à les guider dans leur choix; et le Ministère, au nom du Régulateur suprême, ne pourra pas éclairer le peuple sur ses intérêts; il ne pourra pas, surtout dans un temps de crise, signaler les partis et chercher à leur enlever une influence dangereuse! Cette conduite que l'on blâme, n'est qu'un motif de plus pour la Nation de reconnaissance et de bénédictions pour le Monarque. A Rome, où le gouvernement était tout entier dans les mains du Sénat, quel empire ce corps auguste n'avait-il pas sur les élections! En sa présence, souvent en la seule présence de quelques graves sénateurs, imposans par leur considération, le peuple, dans les temps heureux de la République, aurait rougi de faire des choix indignes ou dangereux. Partout, dans tous les temps, le peuple a besoin d'être dirigé; il veut toujours le bien, mais il ne le voit pas toujours; et quels conseils peuvent être plus salutaires que ceux qui émanent du Trône!

« Les Royalistes ont été persécutés, leur hon-
» neur a été mis en surveillance; les écarts du
» parti opposé ont été excusés. »

Ces reproches pourraient être plus aisément repoussés par le Ministère lui-même. Solitaire, je ne sais que ce que toute la France sait comme moi; mais on peut assurer que si le Gouvernement a été contraint de prendre des mesures contre quelques *Royalistes* exagérés, les cas en ont été bien rares. Et pourquoi, si quelques individus de ce parti se sont permis des écarts, n'auraient-ils pas été réprimés? Pour être, ou se dire *Royaliste*, est-on inviolable? L'excès de zèle n'a-t-il pas ses inconvéniens, ses dangers, comme la malveillance? Excusable dans son principe, il peut être funeste dans ses œuvres.

Les torts du parti contraire ont été excusés! Consultez donc les archives des tribunaux de police correctionnelle, des cours prévôtales, et vous vous convaincrez que le Gouvernement a usé d'une juste et louable sévérité.

« Aujourd'hui les Royalistes sont restés nus, » comme ils l'étaient sous Buonaparte; mais ils » n'ont plus ce qu'ils avaient : la considération » pour supporter le présent, l'espérance pour » attendre l'avenir. Qu'avant la restauration ils » subissent le joug, c'était une condition inévi- » table de leur position; aujourd'hui la chose » est-elle aussi naturelle? Haïs comme des vain- » queurs, dépouillés comme des vaincus, ils » s'entendent dire : N'êtes-vous pas contens? n'a- » vez-vous pas le Gouvernement que vous appe- » liez de tous vos vœux, pour lequel vous avez » tout sacrifié? D'autres les poursuivent avec » l'ancien cri des assassinats, en appelant sur eux » la proscription, comme nobles, comme mé- » ditant l'envahissement des propriétés natio- » nales; et pourtant les acquéreurs des biens » d'émigrés cultivent en paix leurs champs, au » milieu même de la Vendée! Immortel exemple » de l'obéissance aux lois et de la Religion du » serment chez les Royalistes.... »

Je regrette, comme l'auteur, que les Royalistes n'aient pu être tout-à-fait indemnisés, sans pouvoir convenir néanmoins qu'ils soient restés tout-à-fait nus. Ah! que n'a-t-on pu réparer tous les maux et toutes les pertes! Ç'aurait été le vœu de tout bon Français, si les circonstances n'opposaient à la réalisation de ce vœu des obstacles insurmontables.

Mais d'abord, du côté de la fortune, n'est-il pas notoire que l'inépuisable bienfaisance de Sa Majesté a allégé, autant qu'il était possible, la position douloureuse d'un grand nombre de familles?

Du côté de la considération et en même temps de la fortune, *les Royalistes* ne sont-ils pas partout, à la cour, aux armées, dans la magistrature, dans les administrations? Les autres classes ne s'en plaignent point; elles respectent les choix du Roi; elles trouvent même juste une certaine préférence accordée, à mérite égal, à ceux qui ont souffert, et qui ont donné des preuves d'attachement à la cause royale. On ne peut donc reconnaître, avec l'auteur, que les Royalistes soient écartés, persécutés, proscrits. De bonne foi, qui ne connaîtrait pas l'état de la France, qui lirait l'écrit de l'auteur, sans expérience des hommes et des choses, se persuaderait que les amis du Roi sont dans un état d'asservissement et d'anxiété vraiment déplorables. Rassurons-nous, l'auteur s'est abandonné aux mouvemens de sa plume éloquente, et l'éloquence quelquefois ne peut se défendre de l'exagération.

Voyons les Royalistes sous le rapport de l'influence politique. La noblesse d'abord est représentée par cet élément si imposant de la puissance législative, en France, par la Chambre des Pairs. L'auteur nous apprend que dans les dernières assemblées électorales, les Royalistes avaient les deux cinquièmes des voix.

Si l'on compare maintenant la classe des Royalistes, je ne dis pas avec la masse de la Nation, mais avec les citoyens qui réunissent les conditions d'électeurs, quelle autre classe a une influence plus marquée sur les affaires ?

Certains individus ont poursuivi *les Royalistes* avec l'ancien cri des assassinats! Si l'auteur ne l'assurait pas, je ne pourrais me le persuader. Comment un pareil attentat a-t-il pu se commettre sous un Gouvernement ferme, qui s'applique à réprimer tout ce qui peut troubler l'ordre public? Comment les auteurs de cet attentat n'ont-ils pas été punis? Je suis bien loin d'excuser toute espèce de cris séditieux; mais le sens de ces cris a-t-il été bien saisi? Les mêmes paroles n'ont pas le même sens dans des temps différens, et des mots qui furent le détestable signal de la proscription, peuvent n'être que celui de l'éloignement. Où ce scandale a-t-il été donné? Du moins, ce n'est pas à Paris, ni dans les départemens environnant la capitale. Il faut croire qu'un seul, ou du moins que bien peu de départemens en ont été les témoins. Au surplus, les vociférations de quelques factieux constituent-elles l'opinion de la Nation, de cette Nation revenue de ses erreurs, et qui les a expiées par tant de maux?

On prête aux Royalistes l'intention d'envahir les propriétés nationales, et cependant elles sont respectées par eux! Des personnes sages, bien étrangères aux factions, peuvent penser que les *Royalistes* en général, peuvent difficilement se dépouiller de leur intérêt personnel. Elles les jugent comme elles jugent les autres hommes: elles ne les accusent pas de vouloir renverser l'ordre actuellement établi, pour leur en substituer un autre qui leur fût plus avantageux; mais elles croyent qu'en raison de leurs intérêts et de leurs opinions, ils sont en général dans des dispositions peu favorables au régime constitutionnel; elles croyent qu'ils désireraient tout naturellement des circonstances qui leur donnassent l'espoir de réparer leurs pertes; elles ne disent pas qu'il faut les écarter, mais elles disent qu'il ne faut pas leur accorder une influence exclusive; que leurs intérêts et leurs opinions doivent être balancés par d'autres intérêts et d'autres opinions, de manière qu'il en résulte une heureuse conciliation.

Je suis loin de vouloir diminuer la sincérité et la noblesse des sacrifices des *Royalistes*. Les propriétés nationales sont respectées jusques dans la Vendée; comment ne le seraient-elles pas ? La Charte est-elle une chimère? Le Gouvernement ne veille-t-il pas ?

2° « Dans quel esprit le Ministère a-t-il rédigé » les lois. »

La loi sur les élections occupe d'abord l'auteur ; il n'entre pas dans une longue discussion à cet égard ; mais ce qu'il en dit dénote assez que cette loi n'a pas obtenu son assentiment ; il prétend que ses effets ont été déjà funestes et qu'ils peuvent le devenir par la suite bien davantage. « Il est bien à craindre, dit-il, qu'une loi des élec- » tions où l'influence légale de la grande propriété » et le patronage des grands dignitaires ne ba- » lancent pas assez l'action populaire, ne sème » de nouveau dans nos institutions le germe du » républicanisme. »

Sans doute de si grandes et si importantes questions sont bien au-dessus de ma portée, et d'ailleurs aujourd'hui tout a été discuté, médité, approfondi ; la loi existe, il faut la respecter. Cependant je ne puis me résoudre à passer sous silence quelques réflexions simples sur cette loi, parce qu'elles entrent dans mon plan de réfutation.

Est-il vrai que cette loi ait les graves inconvéniens que l'auteur semble lui attribuer ; que cette loi, parce qu'elle ne consacre pas l'influence légale de la grande propriété et le patronage des grands dignitaires, peut semer dans nos institutions le germe du républicanisme ?

On peut assurer que ces craintes sont purement chimériques.

Admettons que cette classe appelée par la loi à faire les élections ait une tendance au républicanisme : quel serait le résultat de leur choix, et que pourraient faire ces *républicains* choisis dans l'économie de nos institutions ? Sans doute leur influence serait à craindre, s'il s'agissait d'établir des lois fondamentales, de former une constitution, mais l'édifice est assis sur une base désormais inébranlable, posée par la main du Monarque, et consolidée par les volontés et les forces de la Nation. Que pourraient faire encore une fois ces républicains prétendus, devant ces prérogatives sacrées de la Couronne, l'initiative des lois, et le droit de dissoudre les Chambres ? Que pourraient-ils faire devant la Chambre des Pairs, cette seconde sauve-garde des lois fondamentales dont le Monarque est le premier protecteur ? Violer ces lois, résister aux prérogatives ? alors ils seraient en révolte, et la force publique en ferait justice.

Rassurons-nous : non, il n'est pas vrai que la classe des électeurs ait une tendance au républicanisme. Cette classe qui d'ailleurs se compose aussi des grands propriétaires, tient, même dans les derniers rangs, au sol, à des fortunes, à des états; elle est éminemment intéressée au maintien de la tranquillité publique ; elle est dès-lors ennemie des innovations, dont le résultat est presque toujours de la troubler, même quand elles sont sages. Ne croyons pas d'ailleurs que l'expérience de la révolution soit entièrement perdue pour cette réunion imposante de propriétaires, de pères de famille, qui ont en général reçu une éducation libérale, éclairés par leur raison, et guidés par leur intérêt, qui se rattache essentiellement à l'ordre. Si un certain nombre s'était laissé entraîner à ces opinions exagérées dont la réalisation fut si fatale, aimons à penser que la déplorable expérience qui en a été faite, aura ouvert leurs yeux sur les conséquences désastreuses de ces opinions. Oui, cette classe aime la Charte, parce qu'elle lui fournit toutes les garanties que le bon citoyen peut espérer.

Fallait-il donner une puissante influence à la grande propriété, au patronage des grands propriétaires?

Que serait devenu le peuple ? Il n'aurait donc point été représenté. La Monarchie constitutionnelle se compose du concours du Monarque, des grands et du peuple. C'est une heureuse combinaison de trois espèces de gouvernement. Si la classe des électeurs eût été tellement resserrée, qu'elle eût été influencée par la grande propriété et le patronage des grands dignitaires, il n'y aurait donc eu dans le Gouvernement (j'entends ici ce terme dans le sens général), que le Monarque et les grands et les riches ; il y aurait donc eu seulement monarchie et olygarchie. Alors, le reste de la nation aurait été dans un véritable esclavage politique; alors plus de corps de nation, plus d'intérêt dans la masse du peuple pour la chose publique; tandis que quand il y a concours du peuple dans la législation, par le ministère de ses députés, il s'accoutume à considérer les affaires publiques comme les siennes propres, et il est disposé à seconder le Gouvernement de tous ses moyens et de toutes ses forces.

Si je ne me trompe, la noblesse est naturellement représentée par la Chambre des Pairs, qui se compose de tous ses chefs ; si cette noblesse pouvait avoir des intérêts opposés à ceux du peuple, si ces intérêts étaient légitimes, c'est-à-dire, consacrés par la Charte, et qu'ils fussent attaqués, ils seraient nécessairement défendus par la Chambre des Pairs. Quand la noblesse a cet avantage, et qu'elle jouit encore du droit de concourir avec le peuple à l'élection des Députés des départemens, de quoi peut-elle se plaindre ?

Si on peut reprocher au peuple d'avoir des dispositions à envier, à arracher leurs avantages aux classes supérieures, à crier comme le dit l'auteur : *Guerre aux châteaux, paix aux chaumières,* ne pourrait-on pas dire aussi, que les grands sont insatiables de distinctions et de préférences ? Celui qui n'a pas, désire avoir, et celui qui a, veut obtenir davantage. Tel est l'homme. C'est donc à contenir, à régler ces dispositions naturelles que le législateur doit s'appliquer.

Il me semble qu'une juste mesure a été gardée par nos institutions, et que le concours qu'elles ont accordé au peuple, en opérant un grand bien, n'est susceptible d'aucun inconvénient.

« Mais le Ministère a senti lui-même les con-
» séquences dangereuses de cette loi ; il a cher-
» ché à écarter certains hommes considérés
» comme indépendans, qui réunissaient les con-
» ditions d'éligibilité ; il a fait parler les gazettes ;
» il a tenu, en 1816, à l'égard des *indépendans,*
» la conduite qu'il avait tenue en 1815 à l'é-
» gard *des Royalistes.* »

Quelle est la preuve que ce soit le Gouvernement qui ait dicté aux gazettes le langage qu'elles ont tenu? L'esclavage des journaux est-il si rigoureux, qu'ils ne contiennent, en ce qui concerne la politique, que ce qui porte l'attache du Ministère? ou leurs rédacteurs habituels, ou de bons citoyens qui redoutent également les partis extrêmes, n'ont-ils pas pu consigner dans ces journaux des réflexions suggérées par l'amour de l'ordre et de la tranquillité publique? Admettons qu'elles ont été commandées par le Ministère. L'opinion est le grand mobile, le grand ressort des gouvernemens représentatifs; elle s'éclaire par les discussions publiques, par les écrits particuliers. Pourquoi serait-il défendu au Ministère de monter aussi dans la tribune nationale? Sans doute, par sa position, à la source de toutes les instructions, de tous les renseignemens, il connaît mieux que les simples individus l'état de l'esprit public, il connaît mieux les maux et les remèdes. Le Ministère ne peut-il pas faire aussi connaître son opinion, et ramener à son sentiment, s'il est juste, des hommes de bonne foi qui n'ont besoin que d'être éclairés? Si l'opinion du Ministère se trouve contraire aux intérêts du peuple, elle est réfutée par une foule d'écrivains qui s'honorent de défendre sa cause. En Angleterre, qu'on cite à chaque instant pour modèle, le Ministère a des journaux qui sont pour ainsi dire ses champions, l'opposition a les siens, et le peuple juge.

Ce qui me semble juste, légitime dans tous les temps de la part du Ministère, avait et a, dans les circonstances où nous avons été et où nous sommes malheureusement encore, un degré de convenance et d'utilité de plus. Nous sommes dans la situation d'un peuple qui commence une organisation nouvelle, une nouvelle vie sociale après la crise la plus violente, dont jamais les fastes des nations aient conservé la mémoire, crise où tant de prétentions ont été soulevées, d'où tant d'intérêts nouveaux sont sortis, et où les anciens ont été considérablement lésés. L'ordre nouveau qui à mon gré les concilie, s'établit en présence des deux partis opposés, qui s'efforcent de s'emparer de toute l'influence, qui voudraient attirer à eux et le Gouvernement et le peuple. Ce peuple est neuf encore dans le régime constitutionel; pendant vingt-cinq ans, il a été balloté par les factions, il n'est point encore accoutumé à se tenir à une ligne fixe, invariable, à une ligne constitutionnelle. Il faut lui donner cette heureuse habitude, il faut qu'il s'éloigne également des deux extrêmes; il faudrait enfin, que les partis disparussent, ce qui sans doute arrivera un jour, et que tous les intérêts, toutes les opinions se confondissent dans l'esprit public, c'est-à-dire, dans l'amour du Monarque et de la Charte.

Dans de pareilles circonstances, n'est-il pas naturel et juste que le Ministère cherche à éclairer les esprits, à les diriger et à obtenir des choix concordans avec la volonté du Monarque et l'esprit de la loi fondamentale?

« Mais les indépendans pourront l'emporter » un jour; déjà ils ont obtenu dans les dernières » assemblées électorales les deux cinquièmes des » voix : si les Royalistes, fatigués d'une lutte si » pénible, las d'un dévouement si mal apprécié, » se retiraient, ce qui est arrivé à un grand nom- » bre d'entr'eux, les *indépendans* auraient un » triomphe complet. »

Il faut présenter d'abord ici une observation nouvelle sur cette classe d'hommes que l'auteur appelle *indépendans*.

Ne serait-on pas porté, dans le parti *royaliste*, à désigner par cette qualification tous ceux qu'il ne reconnaît pas comme *Royalistes, et vice versâ*, les indépendans ne seraient-ils pas disposés à considérer comme *Royalistes* tous ceux qui ne sont pas *indépendans*. C'est le caractère des partis d'être animés par un esprit d'intolérance. A leurs yeux, tout ce qui n'est pas ami est ennemi : plus on est sincère, plus on est exalté par l'exagération, compagne inséparable des passions humaines. Aux yeux des partis, la classe des impartiaux n'est qu'un composé d'indifférens, ou d'hommes insignifians, qui ne mérite aucune considération.

Dans le nombre de ces hommes, qui dans les assemblées ont été en possession des deux cinquièmes des voix, hommes que les *Royalistes* ont considéré comme *indépendans*, n'y en aurait-il point, n'y en aurait-il pas même un grand nombre qui ne sont pas véritablement *indépendans* dans l'acception qu'on donne à ce terme? On peut redouter l'influence exclusive des intérêts et des opinions des *Royalistes*, sans être *indépendant;* on peut enfin porter son choix sur des personnes qui ne sont pas signalées comme *Royalistes*, sans être *indépendant.* Cette classe de Français qui ne sont ni *Royalistes* dans le sens qu'on donne à-ce terme, ni *indépendans*, et qu'on peut appeler les impartiaux, ne sont-ils rien? Cependant ils composent la masse de la Nation; cette masse, ennemie de l'exagération dans les deux sens opposés, veut l'ordre, veut la tranquillité, veut la Charte; c'est désormais dans cette masse que doivent se fondre les deux partis contraires. Si je ne me trompe, beaucoup d'impartiaux ont pu être considérés comme indépendans.

Supposé que je sois dans l'erreur : il faut espérer que les Royalistes continueront à ne pas se fatiguer d'une lutte pénible; qu'ils continueront à donner des témoignages de ce qu'on appelle leur dévouement, quoique mal apprécié, et que l'insouciance que l'auteur lui-même reproche à un certain nombre, ne se manifestera plus. Cependant je m'étonne d'entendre appeler sacrifice, dévouement, ce qui est un devoir de citoyen. N'est-ce pas en effet une obligation essentielle, capitale, pour les individus qui ont l'honneur de faire partie des corps électoraux, d'assister religieusement à leurs assemblées? N'importe les opinions qui les dominent ou les puissent dominer; le bon citoyen ne doit-il pas y apporter le tribut de sa conscience?

Eh bien! si l'on doit croire que, dans tous les temps, les Royalistes seront fidèles à ce qui n'est pas un dévouement qui ait besoin d'être apprécié, qui ait besoin d'être récompensé, mais à ce qui est un devoir, à suivre les calculs de l'auteur lui-même, les *indépendans* ne pourront jamais obtenir de triomphe. D'après ces calculs, le Trône a, dans les assemblées électorales, les trois cinquièmes des votes. Ajoutons à cette force, la force des prérogatives royales, et reconnaissons que les *indépendans* ne peuvent jamais acquérir une influence dangereuse, loin d'obtenir une funeste victoire. Mais il s'en faut bien que je convienne que l'ascendant des *indépendans* soit aussi considérable, et je me persuade que beaucoup d'individus ont été considérés comme appartenant au parti des *indépendans*, tandis qu'ils y sont étrangers.

Mais en dernier résultat, si des craintes qui me paraissent chimériques et qui le paraîtront peut-être à beaucoup d'autres, venaient à se réaliser, et veuille le Ciel détourner de nous un si grand malheur! le Monarque n'est-il pas assez puissant pour en écarter les dangers? N'est-il pas armé du droit de dissoudre les Chambres? Il est vrai que l'auteur semble douter que dans le cas du triomphe des indépendans, le Ministère put recourir à cette ressource salutaire ; mais encore une fois c'est bien exagérer les défiances et les craintes. Dans ce cas, qui sans doute n'arrivera jamais, où le Monarque n'exercerait pas librement sa prérogative, il y aurait faction, il y aurait révolte, et la force publique et la nation entière s'empresseraient de les terrasser.

L'auteur s'occupe ensuite, mais en peu de mots, du projet de loi sur le recrutement. Il attaque surtout la disposition qui concerne l'avancement; il prétend que cette disposition est attentatoire aux droits de la Couronne qui est investie du pouvoir exécutif. Il est vrai que ce pouvoir est et doit être sans partage dans les mains du Monarque, et que ce qui est relatif à la force publique est une des attributions de ce pouvoir. Mais qui pourrait désapprouver que la bonté et la sagesse du Monarque se départissent d'elles-mêmes, en quelques points, de l'intensité de ses droits en faveur du bien général. Au surplus, que produirait la disposition ? On réaliserait ce qu'a promis la Charte. La Charte a proclamé l'égalité des Français devant le Monarque pour les emplois publics. La disposition ne ferait que conserver l'admissibilité de tous les Français aux emplois militaires, et assurer la récompense des services à l'égard de tous. La puissance législative n'acquerrerait point pour cela un droit dans le Gouvernement, une influence sur l'armée, qui en effet doit être exclusivement soumise au Monarque; ce serait un engagement que Sa Majesté voudrait bien s'imposer à elle-même pour étouffer les rivalités, pour exciter l'émulation, pour rendre plus utile cette honorable carrière, où on dévoue sa vie au service public. Voudrait-on laisser penser, et les indépendans ne manqueraient pas de le faire et de le dire, que le principe de l'égalité dans l'admissibilité aux emplois n'est qu'un principe déposé dans la Charte, et que la faveur obtiendra toujours des préférences? Pourquoi d'ailleurs enfin ne chercherait-on pas à rattacher autour du trône ces guerriers illustres à qui il n'a manqué que de servir une meilleure cause?

Enfin, l'auteur entre dans une longue dissertation sur la loi concernant la liberté de la presse. Cette dissertation n'a plus d'objet aujourd'hui, que le projet a été adopté par la Chambre des Députés, qu'il le sera probablement par la Chambre des Pairs, et que la disposition relative aux journaux est déjà devenue une loi.

Je me dispenserai donc d'entrer dans des détails sur ce point; je me bornerai à quelques réflexions.

Sans doute je suis partisan de la liberté de la presse; je reconnais aussi qu'elle a besoin d'être réglée par des lois répressives de ses abus; tous les esprits s'accordent sur ces deux points; mais les circonstances permettent - elles une entière liberté, au moins à l'égard des ouvrages périodiques? Quelles dispositions sont propres à écarter les abus, sans gêner l'exercice légitime du droit? Voilà les points sur lesquels il y a divergence dans les esprits.

Le Gouvernement, les Deux Chambres ont pensé qu'il n'était pas temps encore d'accorder la liberté aux ouvrages périodiques consacrés aux discussions politiques. Quel plus fort argument à opposer aux raisonnemens de l'auteur sur ce point? Il me semble que la lecture de l'écrit de l'auteur pourrait fournir encore un autre argument; non pas que je veuille prétendre qu'il ait abusé de la liberté de manifester ses pensées, mais son écrit démontre l'existence et la force des partis. Dès que ces partis existent, et que leur influence est si importante, il aurait donc été dangereux de leur ouvrir encore une nouvelle carrière.

L'auteur paraît exprimer des regrets sur ce que dans la loi sur la liberté de la presse, l'amendement si fortement appuyé et débattu, tendant à établir le juri ou ordinaire ou spécial, comme juge des abus de cette liberté, n'ait pas été adopté. Je suis bien éloigné sans doute de vouloir rien décider sur des questions aussi graves, je ne veux que présenter mes réflexions. Si je ne me trompe, les circonstances dans lesquelles la répression des délits de la presse pourrait être confiée sans inconvénient au juri, ne devraient-elles pas être les mêmes que celles où la liberté pourrait être accordée aux journaux ? Dans les deux cas ce serait l'opinion qui serait en jeu, qu'on me passe l'expression ; dans le premier cas, elle déciderait ; dans le second, elle serait comme travaillée par des sentimens opposés. N'est-il pas nécessaire, pour que cet état de chose s'établisse sans inconvénient, que l'opinion soit calme, tranquille, et à l'abri de l'agitation des passions ? Le Gouvernement, qui a l'initiative des lois, a jugé que les circonstances ne permettaient pas encore de constituer le juri juge des abus de la presse ; je crois qu'on ne doit point le blâmer d'une semblable opinion, puisque déjà les trois élémens de la puissance législative se sont accordés à reconnaître que, dans les circonstances, la liberté des journaux pourrait avoir quelques dangers.

On conviendra que l'introduction des jurés dans le projet de loi ne pouvait s'effectuer dans les formes constitutionnelles, par forme d'amendement. Si la majorité de l'une des Chambres ou de toutes deux pense que le juri doit être investi de la connaissance des délits de la presse, elle présentera une supplique au Monarque, qui la pesera dans sa sagesse, et qui l'adoptera sans doute, s'il le croit utile au bien général.

3° « Quel caractère politique la Chambre des
» Députés a-t-elle pris dans ses mains (du Minis-
» tère)? et dans ses communications avec cette
» Chambre; le Ministère a-t-il bien compris
» l'esprit de la Charte?

Le reproche le plus grave adressé sur ce point au Ministère, est de ne vouloir pas prendre la marche constitutionnelle; de gouverner par des lois d'exception; de suivre les maximes ou de l'ancienne monarchie absolue ou du gouvernement de l'usurpateur.

Il est pour les corps politiques des circonstances malheureuses, des circonstances difficiles, où l'observation stricte et rigoureuse des règles ordinaires entraînerait les plus grands dangers; des circonstances où, comme le dit Montesquieu, *il faut jetter un voile sur la statue de la Liberté.* Ce que je dis ici s'applique non-seulement aux états qui se forment, mais aux états dès long-temps établis et consolidés par le ciment des siècles. Chez ce peuple-roi si jaloux de sa liberté, ne connaissait-on pas la Dictature, n'avait-on pas quelquefois recours à cette formule, *Consules caveant?* Alors les lois se taisaient, la souveraineté du peuple était pour quelque temps enchaînée, et l'arbitraire était consacré pour le salut du peuple et pour le maintien de ces lois. En Angleterre, combien de fois la loi d'*Habeas corpus* n'a-t-elle pas été suspendue? Je suis bien éloigné d'être partisan de l'arbitraire, mais je dis, ce que tout le monde sait, qu'il est des circonstances où la prudence, où le bien public même exigent qu'on s'éloigne, pour quelque temps des règles ordinaires.

Je ne répéterai point ici ce que j'ai dit, ce dont tout homme qui raisonne est convaincu sur les difficultés de notre situation dans le cours des deux dernières années qui viennent de se passer. Nul homme impartial ne peut méconnaître qu'il eût été souverainement dangereux de ne pas déroger pour quelque temps au régime constitutionnel, par quelques lois d'exception commandées par les circonstances. L'auteur prétend que les torts, que les écarts des indépendans n'ont pas été convenablement réprimés : d'un autre côté, les indépendans et peut-être les impartiaux peuvent accuser les Royalistes d'être disposés à s'abandonner à des excès de zèle. Que serait-il donc arrivé si le Gouvernement n'eût pas eu dans les mains des moyens prompts et sûrs de ramener les partis à la ligne constitutionnelle?

L'auteur s'écrie : *Ne serons-nous jamais propres aux affaires?* Je crois que si nous ne le sommes pas encore, nous pouvons le devenir. Je suis persuadé de la vérité de cette maxime de Montesquieu, que les mœurs forment les institutions, et que réciproquement, les institutions forment les mœurs ; je suis persuadé que nous pouvons acquérir un caractère politique ; mais nous sommes vifs, impatiens, impétueux ; nous ne voulons pas assez donner au temps. Il ne s'est écoulé que deux années depuis la restauration réelle ; nous sortons de la crise la plus violente, et nous voudrions arriver de suite à l'état de santé, sans subir le régime prudent de la convalescence. Si j'en juge d'après mes faibles lumières, le Gouvernement a suivi la marche d'un médecin sage et habile, qui veille avec soin sur des jours qu'il a sauvés, et qui tend à les préserver de tous excès, de toutes rechutes, pour l'amener par degrés à une santé robuste.

Le Ministère ne veut pas prendre la marche constitutionnelle! Mais il ne s'est écoulé que deux années, et les lois d'exception ont presque toutes disparu. On peut considérer les cours prévôtales comme ayant cessé d'exister, puisque nous en avons pour garant la parole sacrée du Monarque. Il ne reste plus que la loi qui place sous la surveillance du Gouvernement les ouvrages périodiques qui s'occupent de discussions politiques. La loi sur la liberté de la presse, pour n'avoir pas reçu les modifications que certaines opinions voulaient y apporter, n'en est pas moins une loi constitutionnelle. Beaucoup de personnes sages et bien intentionnées peuvent croire à la convenance et à l'utilité d'une disposition qui constituerait le juri juge des abus de la presse; mais la Charte n'a point disposé que la connaissance de ce genre de délits serait attribuée au juri. Peut-être, comme on l'a dit, le temps opportun pour former un pareil établissement n'est-il pas encore arrivé. Peut-être un jour, peut-être bientôt le Gouvernement lui-même le proposera; et les Chambres, si cet établissement est fortement sollicité par l'opinion publique, pourront en tous cas supplier le Monarque de vouloir bien l'accorder.

« La Chambre des Députés, *dit l'auteur*, » présente un aspect aussi singulier qu'il est » nouveau : une main peu sûre l'a laissée se bri- » ser en plusieurs parties. Aux deux extrémités

» se présentent les hommes qu'on voulut exclure des élections en 1815 et en 1816; ils » forment deux minorités. Ceux qui composent » la première sont plus nombreux. Au centre, » dans ce qui devrait être la majorité, s'est formé » un tiers parti. Ce tiers parti semble composé » d'hommes éclairés qui n'ont pu faire le sacrifice de leurs lumières à des Ministres qu'ils » regrettent de ne pouvoir suivre.

» La politique adopté, en donnant naissance » aux minorités royalistes des deux Chambres, » a fait un mal incalculable : ce sont des minorités contre nature. On ne s'accoutume point » à voir dans l'opposition les plus fidèles soutiens du Trône.

» L'opposition naturelle aujourd'hui serait » une opposition démocratique, combattue par » une forte majorité royaliste. »

D'abord, il me semble, si je ne me trompe, que l'auteur est tombé dans une espèce de contradiction. Il a blâmé le Ministère d'avoir employé son influence pour éloigner des élections en 1815 les Royalistes, et en 1816 les indépendans; maintenant il se plaint de ce qu'une main peu sûre ait laissé la Chambre des Députés se briser en plusieurs parties. Le Ministère estil donc le maître de changer les hommes, de changer les opinions et les intérêts? Si, malgré les avis, les conseils, malgré l'influence enfin du Ministère, les partis ont réussi à introduire dans la Chambre des Députés des élémens discordans, que serait-il donc arrivé si le Ministère fût resté spectateur tranquille et indifférent? Entend-on que le Ministère aurait dû abonder exclusivement dans le sens des Royalistes? Mais les indépendans, mais les impartiaux, auraient été fondés à former des plaintes à-peu-près semblables à celles qu'on entend aujourd'hui de la part des Royalistes. Mais comme le Ministère n'aurait pas pu violer les lois, comme il n'aurait pu exclure ceux qui possédaient les conditions d'éligibilité, il me semble que le parti contre lequel on se serait élevé, aurait acquis plus de force, par une opposition prononcée, directe, absolue; car, en morale comme en physique, la réaction est toujours correspondante à l'action. Dans le cas d'un système de balance, d'équilibre, les indépendans ne pouvaient se plaindre d'être traités comme le parti opposé. Dans ce cas, les impartiaux, ou du moins un certain nombre, n'étaient pas tentés de se ranger du côté des indépendans, dans la crainte des Royalistes.

Il me paraît donc qu'il n'a pas été au pouvoir du Ministère d'empêcher que la Chambre des Députés ne renfermât les deux minorités dont parle l'auteur.

Ces deux minorités se composent des hommes que le Ministère a voulu écarter en 1815 et en 1816, c'est-à-dire, des *Royalistes* et des *indépendans :* les premiers sont plus nombreux.

C'est déjà un grand motif de sécurité pour les amis de l'ordre. Si, comme il est vrai, l'opinion de la Chambre des Députés forme le type de l'opinion de la France, il est bien consolant, bien heureux, de reconnaître que la France entière s'accorde dans l'amour pour le Monarque et s'attachement à la Charte; de reconnaître que ce parti des indépendans, qu'on nous représente comme si fort, si puissant, comme pouvant un jour tout entraîner, n'a dans la réalité, qu'une influence bien peu importante. En effet, les Royalistes étant en majorité vis-à-vis des indépendans, le tiers parti, plus nombreux que les minorités, se joindrait nécessairement aux Royalistes, à la moindre apparence de danger pour la Charte, et cette apparence s'évanouirait comme l'ombre.

Mais, suivant l'auteur, ce tiers parti s'est lui-même séparé du Ministère. Comment cela est-il possible ? Les deux minorités votent contre les projets de loi; si le tiers parti leur est aussi opposé, le Ministère n'obtient donc presqu'aucuns suffrages, et cependant ces projets sont adoptés par la majorité. C'est ce qui vient d'arriver, notamment pour celui qui était le plus susceptible de contradiction, pour le projet sur la liberté de la presse. Il est donc vrai que l'expérience met en défaut les raisonnemens de l'auteur.

Les minorités royalistes dans les deux Chambres sont des minorités contre nature. Oui, sans doute, et je m'étonne, avec l'auteur, que ceux qui se disent les soutiens du Trône se trouvent dans l'opposition contre le Gouvernement. Les soutiens du Trône! Je n'en reconnais sur la terre d'autres que le Monarque lui-même armé de la *force publique*, que les corps constitutionnels dépositaires de *la volonté publique*, et dont le Monarque encore est le premier élément. Une pareille expression ne peut s'appliquer à des particuliers quels qu'ils soient. Mais poursuivons. Qui peut donner la solution complète de ce problème politique que nous offre l'opposition des amis du Roi au Gouvernement? Sans doute Dieu seul, qui lit dans les cœurs.

Dans cet état d'opposition, s'il était convenable, comme il n'est pas douteux qu'il ne subsistât pas, à qui conviendrait-il de céder? Ne serait-ce pas aux Royalistes à donner au Monarque cette marque de déférence et de respect? Ce serait un nouveau sacrifice à ajouter à tous ceux dont ils se vantent. Un pareil dévouement serait grand, serait noble, et mériterait l'admiration de tous les Français. On a beau vouloir séparer le Monarque du Ministère, il n'est pas moins vrai que ce Ministère se compose d'hommes de sa confiance; il n'est pas moins vrai que toute la France est persuadée que les principes qui dirigent le Ministère sont aussi ceux du Monarque. Si les *Royalistes* pouvaient acquérir cette persuasion générale, qu'il serait beau de leur part d'immoler même leurs opinions à l'amour et au respect qu'ils professent pour le Monarque! Sans doute ce sacrifice n'est pas commandé; mais veulent-ils aussi que le Ministère sacrifie ses vues à leur manière d'envisager les choses? Peuvent-ils l'exiger, surtout quand la généralité des Français applaudissent à ces vues qu'ils trouvent sages, conciliatrices et propres à assurer la tranquillité? Non; il faut donc que les choses restent dans l'état où elles sont, jusqu'à ce que le temps ait fait disparaître cette opposition choquante et contre nature.

Me serait-il permis de hasarder quelques conjectures? Je déclare de nouveau que je parle en général, et que je ne veux blesser personne.

On ne nous contestera pas que les *Royalistes* ne doivent favoriser toutes les lois, toutes les institutions qui tendent à maintenir dans les mains du Monarque une grande autorité, une grande puissance, à réprimer ou à étouffer les germes de cet esprit indépendant, de ce républicanisme qui leur cause tant de défiances et de craintes. C'est ainsi que l'auteur paraît redouter que la loi sur les élections ne soit trop démocratique ; c'est ainsi qu'il aurait désiré que les élections fussent soumises à l'influence de la grande propriété et au patronage des grands dignitaires.

Comment arrive-t-il donc que les dispositions que le Ministère propose dans l'intérêt du Trône, soient combattues par les Royalistes, qui en devraient être les plus zélés partisans ? Je ne citerai qu'un seul exemple, et je le prendrai dans la loi sur la liberté de la presse. Sans doute, les abus de cette liberté peuvent, je ne dis pas sapper le Trône qui est inébranlable, mais lui causer quelques inquiétudes : une loi répressive était donc bien nécessaire. Pourquoi a-t-on vu les *Royalistes* manifester une opposition violente au projet, non parce qu'il n'était pas assez répressif, mais parce qu'il gênait trop la liberté ? Pourquoi la minorité *royaliste* a-t-elle voté avec la minorité *indépendante*, sur les modifications qu'on a voulu apporter au projet, par exemple, sur l'introduction qu'on voulait faire d'une disposition qui aurait déféré au juri la répression des abus de la presse ? On ne peut se dissimuler que le juri n'eût été plus favorable à la liberté, qu'il n'eût été plus enclin à l'indulgence surtout pour un genre de délits où le corps du délit est si fugitif, et où les excuses ne manquent presque jamais à l'auteur, que les magistrats de la loi, dont le devoir est de l'appliquer sévérement. Comment les *Royalistes* voulaient-ils un établissement sous lequel l'esprit indépendant aurait trouvé des chances plus avantageuses? Ils se sont donc mis en contradiction avec leurs propres principes politiques.

Dira-t-on avec l'auteur que les *Royalistes* ont proposé la liberté de la presse, à la manière dont le Ministère avait exercé la censure? Bien soit. Mais tout en voulant la liberté de la presse, les *Royalistes* reconnaissaient sans doute la nécessité de lois qui en réprimassent les abus. Pourquoi donc, lorsqu'il s'est agi de voter ces lois, se sont-ils attachés aux dispositions qui pouvaient présenter des inquiétudes au Trône?

Ne pourrait-on pas, sans soupçonner la bonne foi des royalistes, les soupçonner au moins de s'être fait illusion, de s'être persuadés, que parce que le Ministère ne marchait pas dans le sens où ils croient qu'il devrait se fixer, il ne peut opérer le bien; de s'être persuadés enfin qu'il faut un changement de système, un changement de Ministère. Cette persuasion les entraîne au-delà de leurs propres principes et de leurs mesures. Ils croient que rien de bon, rien de sage ne peut être présenté par un Ministère qui n'a pas leur confiance. Tranchons le mot, et puisque l'auteur n'aime pas les *raisons* et les *phrases affaiblies*, parlons avec franchise : ne peut-il pas entrer dans certains esprits le désir secret de discréditer ce Ministère, de lui ravir la majorité dans les Chambres, pour établir qu'il n'a pas la confiance de la Nation, et amener ainsi son changement. Je ne fais point d'application, mais qui ignore que les hommes de tous les temps et de tous les pays sont ainsi constitués ; ils ne peuvent souffrir ce qui contrarie leurs penchans, leurs vues, leurs opinions. Qui lirait les discussions, les papiers politiques de l'opposition chez une nation voisine, sans connaître l'état réel de cette nation, se persuaderait que souvent l'Etat est en danger, qu'il est mal administré, enfin que les mesures ministérielles sont en tout point contraires à son intérêt. Cependant cet Etat marche, et jouit d'une étonnante prospérité.

Assurément ce que je dis ici ne s'applique point à l'auteur, qui n'avait pas besoin d'appeler en témoignage de la sincérité de son attachement à la Charte, le Rapport par lui fait à Gand à Sa Majesté. Personne ne la révoque en doute. Mais il ne peut pas être garant des dispositions de tout le parti.

On dira que je hasarde des conjectures ; mais je crois le faire avec la réserve de la modération et sans inculper personne. L'auteur s'est livré à des défiances, à des craintes sur le parti des indépendans; je ne prétends pas le défendre, mais si des soupçons peuvent être élevés contre un parti, l'impartialité peut en concevoir aussi contre un autre.

« On serait tenté de regarder l'existence du » Ministère actuel comme un phénomène. Il ne » se rattache point à l'opinion royaliste; il ne » s'appuie point sur l'opinion indépendante; une » partie des hommes qui le suivaient semble se » séparer de lui : à quoi tient-il donc? Nécessai- » rement les opinions diverses des différentes » parties de la Chambre des Députés offrent la » réunion complète des opinions de la France, » et le Ministère ne se trouve dans aucune de ses » opinions. Aurait-il conçu le projet de les com- » battre toutes, et de se maintenir par une por- » tion de chacune? Plus d'une fois à ce jeu fu- » neste on a perdu les états. »

Ce système de balance, d'équilibre qui paraît à l'auteur si inconvenant et si défectueux, peut sembler à d'autres, moins éclairés sans doute, mais moins prévenus, l'œuvre d'une haute sagesse. On ne répétera point ici ce qu'on a déjà dit à cet égard. En résultat, il paraît conforme à la prudence, que chez une nation divisée par des partis, le Gouvernement ne s'attache à aucun pour les contenir, pour les réprimer, pour les fondre, avec le temps, dans la masse de la nation, pour établir, autant qu'il est possible, un seul vœu, un seul sentiment, l'amour pour le Monarque, et le respect pour la loi.

Mais comment le Ministère est-il si isolé? Il obtient pourtant la majorité sur les projets de loi qu'il présente, sur les projets les plus importans. Cet isolement n'existe donc pas.

« Buonaparte a disparu, mais il nous a laissé
» les muets de son sérail pour étouffer la liberté..
» . . . .

» En y regardant de plus près, on trouve que le
» Ministère isolé de la Nation, a cependant un
» parti; ceux qui dans l'origine donnèrent nais-
» sance au système politique si menaçant aujour-
» d'hui, ce furent une trentaine d'hommes qui
» s'arrangèrent pour renfermer l'autorité admi-
» nistrative dans leur petit cercle et la conserver
» à tout prix. . . . .
» . . . .»

C'est une cotterie poussée par une faction. . .
. . . .

La première phrase de ce passage est sans doute éloquente, mais n'a-t-elle pas plus de véhémence que de justesse? S'appliquerait-elle à ces hommes qui ont obtenu la confiance du Monarque? Non, sans doute; elle serait un outrage non seulement pour le Ministère, mais pour le Trône.

Quoi! la France serait gouvernée par une coterie de trente hommes qui auraient fondé leur puissance sous l'usurpateur, qui auraient été formés à son école! Quoi! cette coterie s'appuyerait sur une faction qui l'entraînerait et qui finirait par l'engloutir! O prévention de l'esprit de parti! Dangers de l'éloquence!

Non, la France ne se persuadera point que son Roi ait accordé sa confiance à des hommes appartenant à cette coterie : non, l'on ne croira pas que ces hommes, parce que quelques-uns d'entr'eux ont participé à l'autorité sous l'usurpateur, se soient nourris de son esprit et de ses maximes. Il faut les juger ces hommes, non sur ce qu'ils ont été, mais sur leurs œuvres actuelles. De bonne foi, quels projets émanés d'eux étaient attentatoires aux prérogatives du Trône ou aux libertés du peuple? Tous leurs projets de loi ont dans leur ensemble reçu l'assentiment des deux Chambres. Des lois d'exception ont été proposées, mais elles ont été adoptées; tous les bons esprits en ont reconnu la nécessité, et déjà elles ont disparu. Avoir été revêtu de fonctions publiques sous le gouvernement de l'usurpateur, sous un gouvernement qui a duré quatorze ans, deviendrait-il un titre de réprobation? Alors l'élite de la Nation serait frappée de son sceau, et une grande partie de l'ancienne noblesse elle-même n'en serait pas exempte.

J'ai cru devoir offrir à mes concitoyens ces réflexions simples que j'ai puisées dans mon amour du bien public. Je ne me suis pas dissimulé le désavantage de mes faibles lumières vis-à-vis d'un adversaire si redoutable; mais il m'a semblé que la force des raisons compenserait la faiblesse de l'interprête. J'ai pensé que ces réflexions étaient propres à éloigner les soupçons et les défiances, et à démontrer que ce système politique qu'on présente comme désastreux, est dicté par la sagesse et commandé par les intérêts de tous. J'ai parlé des hommes en général; je n'ai voulu blesser personne en particulier, et je crois avoir été guidé par la modération. Si je me suis trompé, j'ai été de bonne foi. Le plus cher de mes vœux est que toutes ces discussions finissent, et que bientôt tous les sentimens se confondent dans l'amour du Monarque et de la Charte qui est son bienfait.

FIN.

www.ingramcontent.com/pod-product-compliance
Lightning Source LLC
LaVergne TN
LVHW010054230826
846091LV00005B/1938